Ch ch

Maria Puchol

Abdo
EL ABECEDARIO
Kids

abdopublishing.com

Published by Abdo Kids, a division of ABDO, PO Box 398166, Minneapolis, Minnesota 55439.
Copyright © 2018 by Abdo Consulting Group, Inc. International copyrights reserved in all countries.
No part of this book may be reproduced in any form without written permission from the publisher.

Printed in the United States of America, North Mankato, Minnesota.

102017

012018

Photo Credits: iStock, Shutterstock

Production Contributors: Teddy Borth, Jennie Forsberg, Grace Hansen

Design Contributors: Christina Doffing, Candice Keimig, Dorothy Toth

Publisher's Cataloging in Publication Data

Names: Puchol, Maria, author.

Title: Ch ch / by Maria Puchol.

Description: Minneapolis, Minnesota : Abdo Kids, 2018. | Series: El abecedario |
      Includes online resource and index.

Identifiers: LCCN 2017907238 | ISBN 9781532103278 (lib.bdg.) | ISBN 9781532103872 (ebook)

Subjects: LCSH: Alphabet--Juvenile literature. | Spanish language materials--Juvenile literature. |
      Language arts--Juvenile literature.

Classification: DDC 461.1--dc23

LC record available at https://lccn.loc.gov/2017907238

Contenido

La Ch ch

El co**ch**e tiene el **ch**asis roto
por el **ch**oque.

La Ch ch

Cuando **ch**ispea nos ponemos la capu**ch**a.

La Ch ch

Charo quiere ser **ch**ef y corta el **ch**orizo en lon**ch**as.

La Ch ch

El **ch**ico de **Ch**ina come mu**ch**os **ch**icles.

La Ch ch

Saltan mu**ch**as **ch**ispas de la **ch**imenea.

La Ch ch

El **ch**impancé **ch**apotea en el **ch**arco.

La Ch ch

La mu**ch**a**ch**a cuenta un **ch**iste sobre bi**ch**os.

La Ch ch

Los **ch**icos **ch**arlan durante o**ch**o horas.

La Ch ch

¿Dónde está colgada

la mo**ch**ila?

(en la per**ch**a)

Más palabras con Ch ch

choza

chupar

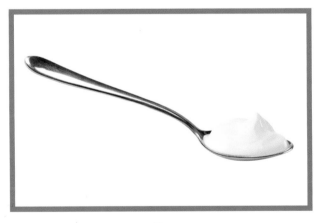

cuchara

noche

Glosario

chef
jefe de cocina, en especial de un restaurante

chimenea
lugar dentro de las casas donde se prende fuego para calentarse.

Índice

abdokids.com

¡Usa este código para entrar en abdokids.com y tener acceso a juegos, arte, videos y mucho más!

Código Abdo Kids:
EAK2998

24